JN075384

日本語能力試験

N4 模擬テスト〈1〉

千駄ヶ谷日本語教育研究所　著

スリーエーネットワーク

©2021 by SJI inc.

All rights reserved. No part of this publication may be reproduced, stored in a retrieval system or transmitted in any form or by any means, electronic, mechanical, photocopying, recording, or otherwise, without the prior written permission of the Publisher.

Published by 3A Corporation.
Trusty Kojimachi Bldg., 2F, 4, Kojimachi 3-Chome, Chiyoda-ku, Tokyo 102-0083, Japan

ISBN978-4-88319-885-6 C0081

First published 2021
Printed in Japan

はじめに

　日本語能力試験対策の模擬テストにつきまして、これまでにN1とN2をそれぞれ〈1〉から〈4〉まで、N3を〈1〉から〈2〉まで出版し、多くの方々にご利用いただき、版を重ねてまいりました。

　近年、日本では外国人材の活躍の機会が広がってきました。こうした中、N4の模擬テストを求める声も多く、それにお応えする形で今回出版することになりました。N4合格を目標とする方はもとより、N3の合格を目指す方々にも学習のプロセスの中で日本語能力を確認し、さらに上のレベルを目指す上で参考にしていただければと思います。

　本書は、試験合格を目指す方々のために、本試験にできるだけ近い形でチャレンジできるように作成しました。ぜひ時間を測って本試験さながらの模擬テストを行ってください。実施後は採点結果を正答数記入表に記入することで弱点を把握し、不得意な問題形式や分野を重点的に補強することができます。

　この本が多くの方々に役立つよう心から期待しています。

　作成にあたっては、スリーエーネットワークの溝口さやかさん、吉本弥生さんに多くの御助言と御尽力をいただきました。心より謝意を表します。

千駄ヶ谷日本語教育研究所

目次

音声CD

・「言語知識（文字・語彙）」試験の指示　　　トラック1

・「言語知識（文法）・読解」試験の指示　　　トラック2

・「聴解」試験の指示　　　　　　　　　　　　トラック3

・「聴解」問題　　　　　　　　　　　　　　　トラック4～トラック40

・「聴解」試験終了の指示　　　　　　　　　　トラック41

別冊

・問題用紙

　「言語知識（文字・語彙）」

　「言語知識（文法）・読解」

　「聴解」

・解答用紙（巻末。切り取って配付してください。）

模擬試験を実施される方へ

　本書は、本試験に近い形で実施できるようになっています。問題用紙を外し、解答用紙を問題用紙から切り取って、学習者に配付してください。試験時間を守って、本試験のように進めることで学習者は試験形式に慣れ、本試験で戸惑わずに実力を発揮できるでしょう。実施後は、学習者へのフィードバックとして正答数記入表（27ページ）をご活用ください。

　試験前後の学習者へのアドバイスは8ページの「学習者の方へ」を参考にしてください。

　以下のサイトに本書の活用法を紹介した動画、解答用紙、音声CDに収録された音声があります。ご活用ください。

https://www.3anet.co.jp/np/books/3830/

〈模擬試験の手順例〉

〇準備

①以下の表を利用して試験実施時間を決める。所要時間は150分。

試験科目				試験実施時間
言語知識（文字・語彙）	試験の指示（音声CDトラック1）	5分		＿＿＿：＿＿＿ ～ ＿＿＿：＿＿＿
	模擬試験	25分		＿＿＿：＿＿＿ ～ ＿＿＿：＿＿＿
休憩		10分		＿＿＿：＿＿＿ ～ ＿＿＿：＿＿＿
言語知識（文法）・読解	試験の指示（音声CDトラック2）	5分		＿＿＿：＿＿＿ ～ ＿＿＿：＿＿＿
	模擬試験	55分		＿＿＿：＿＿＿ ～ ＿＿＿：＿＿＿
休憩		10分		＿＿＿：＿＿＿ ～ ＿＿＿：＿＿＿
聴解	試験の指示（音声CDトラック3）	40分		＿＿＿：＿＿＿ ～ ＿＿＿：＿＿＿
	模擬試験（音声CDトラック4～トラック41）			

②問題用紙を外す。

③解答用紙を問題用紙から切り取る。

④試験会場を整える。試験実施時間を掲示する。

⑤時計、CDを流す機器を準備する。

⑥CDを機器にセットする。

○試験時

「言語知識（文字・語彙)」

①問題用紙、解答用紙「言語知識（文字・語彙)」を配付する。

②音声CD「試験の指示」（トラック１）に沿って、問題用紙「言語知識（文字・語彙)」の表紙と解答用紙の注意の確認、名前の記入、ページ数の確認をさせる。「試験の指示」終了後、CDを止める。

③時間になったら試験開始を知らせる。

④時間になったら試験終了を知らせる。

⑤解答用紙を回収する。

⑥回収した解答用紙の数と、受験者の数が一致しているか確認する。

「言語知識（文法）・読解」

⑦解答用紙「言語知識（文法）・読解」を配布する。

⑧音声CD「試験の指示」（トラック２）に沿って、問題用紙「言語知識（文法）・読解」の表紙と解答用紙の注意の確認、名前の記入、ページ数の確認をさせる。「試験の指示」終了後、CDを止める。

⑨時間になったら試験開始を知らせる。

⑩時間になったら試験終了を知らせる。

⑪解答用紙を回収する。

⑫回収した解答用紙の数と、受験者の数が一致しているか確認する。

「聴解」

⑬解答用紙「聴解」を配付する。

⑭音声CD「試験の指示」（トラック３）に沿って、問題用紙「聴解」の表紙と解答用紙の

注意の確認、名前の記入、ページ数の確認をさせる。

⑮CDを止めず、そのまま「聴解」問題を始める。

⑯CDが終わったら問題用紙と解答用紙を回収する。

⑰回収した問題用紙・解答用紙の数と、受験者の数が一致しているか確認する。

○試験後

①解答（9 ～ 11ページ）を見て採点する。

②正答数記入表（27ページ）を使って、学習者にフィードバックする。

　ア．分野ごとに正答数を記入する。

　イ．科目ごとに正答数を合計して記入する。

　ウ．科目ごとの正答率を計算して記入する。

　エ．◎・○・△の欄の数字を見て、ア．で記入した正答数が当てはまる欄にチェック

　　（✓）を入れる。

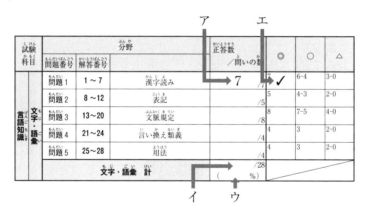

③本書を学習者に返却する。

学習者の方へ

〈試験のとき〉

・各科目にいろいろな形式の問題がありますから、問題文や例をよく読んで何を答えるか よく理解してから問題を解きましょう。

・「言語知識（文字・語彙)」は、試験時間が短いです。時間配分を意識して解きましょう。

・「言語知識（文法)・読解」は、問題数が多いです。分からない問題はあとで解くために 印を付けておいて、まずできる問題から解きましょう。

・解答用紙のマークの塗り方がよくないために、失敗する人もいます。解答用紙の「マー クれい」を見て、よい塗り方で塗ってください。

〈試験のあと〉

・正答数記入表の結果から、自分の弱点を把握してください。

・時間がなくて解けなかった問題を解いてください。

・間違えた問題を解き直してください。

・間違いが多かった分野を特に勉強してください。

・以下のサイトから解答用紙がダウンロードできます。

https://www.3anet.co.jp/np/books/3830/

N4 解答（かいとう） 「げんごちしき（もじ・ごい）」

もんだい1

1	①	**②**	③	④
2	①	②	**③**	④
3	①	**②**	③	④
4	①	②	③	**④**
5	①	②	③	**④**
6	①	**②**	③	④
7	**①**	②	③	④

もんだい2

8	**①**	②	③	④
9	①	**②**	③	④
10	①	②	**③**	④
11	**①**	②	③	④
12	①	②	③	**④**

もんだい3

13	①	②	③	**④**
14	**①**	②	③	④
15	①	②	③	**④**
16	**①**	②	③	④
17	①	②	**③**	④
18	**①**	②	③	④
19	①	**②**	③	④
20	①	②	**③**	④

もんだい4

21	①	②	**③**	④
22	①	**②**	③	④
23	**①**	②	③	④
24	①	②	③	**④**

もんだい5

25	①	②	**③**	④
26	①	②	③	**④**
27	①	②	③	**④**
28	**①**	②	③	④

N4 解答(かいとう) 「げんごちしき(ぶんぽう)・どっかい」

もんだい1

1	①	②	③	**④**
2	①	②	**③**	④
3	**①**	②	③	④
4	①	②	③	**④**
5	①	②	③	**④**
6	**①**	②	③	④
7	①	**②**	③	④
8	**①**	②	③	④
9	①	②	③	**④**
10	①	②	③	**④**
11	①	**②**	③	④
12	①	②	**③**	④
13	**①**	②	③	④

もんだい2

14	①	②	**③**	④
15	**①**	②	③	④
16	①	**②**	③	④
17	①	②	**③**	④

もんだい3

18	①	②	③	**④**
19	①	②	**③**	④
20	**①**	②	③	④
21	①	②	③	**④**

もんだい4

22	①	②	**③**	④
23	①	②	**③**	④
24	①	②	③	**④**

もんだい5

25	**①**	②	③	④
26	①	②	**③**	④
27	①	②	③	**④**

もんだい6

28	①	**②**	③	④
29	①	**②**	③	④

もんだい1

	①	②	③	④
れい				●
1	①	②	③	④
2	①	②	③	④
3	❶	②	③	④
4	①	②	❸	④
5	①	②	③	④
6	①	②	③	❹
7	①	②	❸	④
8	①	❷	③	④

もんだい2

	①	②	③	④
れい	●			
1	①	②	❸	④
2	①	②	❸	④
3	①	❷	③	④
4	❶	②	③	④
5	①	❷	③	④
6	①	②	③	④
7	①	②	❸	④

もんだい3

れい	●	②	③
1	①	②	❸
2	❶	②	③
3	①	②	③
4	❶	②	③
5	①	❷	③

もんだい4

れい	●	②	③
1	①	❷	③
2	①	②	❸
3	❶	②	③
4	①	②	❸
5	①	②	③
6	①	❷	③
7	❶	②	③
8	①	❷	③

「聴解」問題スクリプト

（M：男性　F：女性）

問題1　　トラック4

　問題1では、まず質問を聞いてください。それから話を聞いて、問題用紙の1から4の中から、いちばんいいものを一つ選んでください。では、練習しましょう。

例　　トラック5

うちで女の人と男の人が話しています。男の人はお皿を何枚取りますか。

F：これから、お客様が来るから、棚の上にあるお皿を取ってくれない？
M：1枚でいい？
F：私たち二人のも取ってくれる？
M：じゃ、3枚だね。
F：うん。あ、大きいお皿も1枚お願い。
M：分かった。

男の人はお皿を何枚取りますか。

いちばんいいものは4番です。解答用紙の問題1の例のところを見てください。いちばんいいものは4番ですから、答えはこのように書きます。
では、始めます。

1番　　トラック6

女の人と男の人がパソコンを見ながら話しています。女の人はどれをプレゼントしますか。

F：鈴木さんの誕生日にカップをプレゼントしようと思うんだけど、どれがいいと思う？　私は、
　　この星の絵のがいいと思うんだけど……。

M：星のカップか。でも、鈴木さんが同じようなカップを使っているのを見たことがあるから、
　　別のがいいんじゃない？

F：そっか。この花の、かわいくない？

M：それもいいけど、動物のカップはどう？　鈴木さん、動物が好きだと言っていたよ。

F：そうらしいね。うちに猫がいると言っていた。

M：じゃあ、それにしたら？　ペットの絵なら喜んでくれると思うよ。

F：うん、そうする。

女の人はどれをプレゼントしますか。

2番　　トラック7

レストランで男の店員と女の店員が話しています。女の店員はこれから何をしなければなりませんか。

M：山口さん、お客さんはもう帰った？

F：はい、お店を出ました。

M：そうか。じゃあ、入口のドアの鍵を閉めてきてくれない？

F：さっきしてきました。

M：ありがとう。そうしたら、お皿を洗うのをお願いしてもいい？

F：分かりました。でも、まだテーブルにお皿が残っていますが……。

M：それは佐藤さんが持っていってくれるから、大丈夫だよ。

F：そうですか。

M：じゃあ、ここは私が掃除しておくね。よろしくね。

女の店員はこれから何をしなければなりませんか。

3番　　トラック8

お菓子教室の説明会で先生が話しています。生徒が自分で書くところはどれですか。

F：では、これでお菓子教室の説明を終わります。教室に入りたい人はこの紙の質問に答えて、出してください。曜日は、水曜日と土曜日のどちらかを選んでください。それから、作りたいお菓子を選んでください。クラスは自分で選ぶことができません。先生はクラスによって違いますから、こちらで書きます。

生徒が自分で書くところはどれですか。

4番　　トラック9

大学の先生が話しています。留学生は入学式のあと、どこに集まらなければなりませんか。

M：皆さん、入学式は10時に始まります。終わったら、留学生以外の新入生は学部で決められた教室に集まってください。教室の場所はこの講堂に入るとき受付で渡した封筒に入っています。確認してください。留学生は入学式のあと、講堂の入口を出たところに集まってください。国際センターへ案内します。場所を間違えないように気を付けてください。

留学生は入学式のあと、どこに集まらなければなりませんか。

5番　　トラック10

うちで男の人と女の人が話しています。男の人は何を買いますか。

M：熱、大丈夫？
F：うん、少し下がってきたよ。
M：よかった。これから、買い物に行こうと思うんだけど、何か食べたいものある？
F：そうだなあ。アイスクリームが食べたいなあ。
M：分かった。
F：あと、りんごも買ってきて。
M：りんごなら、買ってあるから、買い物に行く前に持ってくるね。
F：ありがとう。そのときに冷たいお茶も持ってきてくれない？
M：お茶はもうないんだ。それも買ってくるね。

14

F：ないなら、いいよ。そうだ。漫画を買ってきてくれない？　面白そうなものなら何でもいいよ。

M：分かった。

男の人は何を買いますか。

6番　　トラック11

男の人と女の人が話しています。男の人は何で博物館まで行きますか。

M：博物館へ行きたいんですが、どうやって行けばいいですか。

F：そうですね。ホテルの前から出ているバスで行く人が多いです。大橋というバス停で降りて、10分ぐらい歩きます。

M：そうですか。

F：あとは、電車で北山駅まで行く方法があります。北山駅から博物館まで歩いて20分ぐらいです。

M：20分も歩くんですか。

F：はい。でも、駅前に自転車を貸してくれるところがあります。自転車で行けば、10分もかからないと思います。ホテルの前からバスで行くより早く着きますよ。

M：そうですか。では、そうします。

男の人は何で博物館まで行きますか。

7番　　トラック12

会社で男の人と女の人が話しています。女の人は今日、机を何台並べますか。

M：明日の説明会で使う机を会場に並べておいてくれる？

F：はい。明日は8人出席すると聞きました。二人で座る長い机を4台並べればいいですか。

M：出席者が12人になったから、6台お願いします。あ、でも、まだ増えるかもしれないね。会場には全部で何台机があるのかな。

F：8台です。

M：では、それを全部並べておいてくれる？　あ、それと、受付の机を2台、会議室から借りてきて、会場の入口に並べておいて。

F：はい、分かりました。会議室は、今、使っているので、受付の机は明日でもいいですか。

M：うん、いいよ。

F：はい、分かりました。

女の人は今日、机を何台並べますか。

8番　　トラック13

学校で男の学生と女の学生が話しています。女の学生は何を持っていきますか。

M：ねえ、前田さん、今度の授業のとき、山へ行って木や花について調べるんだよね。地図とカメラは、二人で一つ持ってくるように言われたから、前田さん、カメラを持ってきてもらってもいい？

F：うん。いいよ。

M：じゃあ、僕、地図を持っていくね。

F：ありがとう。

M：あと、先生が、何か長さが分かるものと、木や花について書いてある本もあったほうがいいと言っていたよね。前田さんの家にあったら、持ってきてくれない？

F：何でもいいかな？　あるもの持っていくね。本はないけど。

M：お願い。山には虫がいるから、長いズボンと上着で行こうね。

F：うん、そうだね。

女の学生は何を持っていきますか。

　問題2では、まず質問を聞いてください。そのあと、問題用紙を見てください。読む時間があります。それから話を聞いて、問題用紙の1から4の中から、いちばんいいものを一つ選んでください。では、練習しましょう。

例　　　トラック15

男の人と女の人が話しています。女の人はどうしてサッカーを見に行きませんか。

M：今日、どうしていっしょにサッカーを見に行かないの？　具合でも悪いの？
F：ううん、元気だよ。
M：サッカー、あまり好きじゃないの？
F：そんなことないよ。好きだよ。でも、今日の場所、家から遠いから……。ほかに予定はないんだけど……。
M：そうか。たしかに遠いね。
F：うん。

女の人はどうしてサッカーを見に行きませんか。

いちばんいいものは3番です。解答用紙の問題2の例のところを見てください。いちばんいいものは3番ですから、答えはこのように書きます。
では、始めます。

1番　　トラック16

デパートで客と店の人が話しています。客が探している店はどこにありますか。

F：あのう、ここのホームページに本屋があると書いてあったんですが、見つからなくて……。

M：あ、ビルが違いますよ。このデパートは、ビルが二つあるんです。ここは東ビルの5階で、本屋は隣の西ビルですよ。

F：あ、隣のビルなんですね。西ビルへ行くには、1度外に出ないといけませんか。

M：いえ、あそこのドアから西ビルの5階に行けます。そこから4階に降りれば、すぐに見つかると思います。

F：分かりました。ありがとうございます。

客が探している店はどこにありますか。

2番　　トラック17

ラジオでお祭りについて話しています。お祭りの最後の日は何がありますか。

F：8月21日、22日、23日の3日間、中央公園で夏祭りを行います。公園の中にたくさんの食べ物のお店が並びます。また、いろいろなイベントも行います。最初の日の21日は、午後3時から東高校の学生がダンスをし、4時からギターのコンサートを行います。22日は、午後6時から歌のコンサートがあります。カラオケ大会は3日間行われます。時間は午後5時から6時までです。家族、友達を誘ってぜひ来てください。

お祭りの最後の日は何がありますか。

3番　　トラック18

男の人と女の人が話しています。女の人は週末に何をしようと思っていますか。

M：今週末、旅行に行くんだよね。雨が降るみたいだね。

F：そうなんですよ。せっかく海の近くへ行くのに、泳げそうにありません。

M：そうだね。そうしたら、水族館とか買い物とか、中で楽しめるところに行くしかないね。

F：そうですね。でも、水族館は建物を新しくしていて、開いていないんです。買い物はホテルからお店があるところまで遠いので……。

M：そっか。

F：はい。だから、ホテルにいようと思います。

M：それもいいんじゃない？

F：ホテルにプールがあるので、そこで泳ごうと思います。

女の人は週末に何をしようと思っていますか。

4番　　　トラック19

駅で案内を聞いています。次の電車は何分ぐらいで来ますか。

M：お客様にお知らせします。台風で風が強いため、電車が20分遅れています。次の12時15分出
　　発予定の電車ですが、二駅前の南駅で止まっています。あと10分ぐらいお待ちください。12
　　時35分ごろ到着する予定です。遅れてしまい、大変申し訳ございません。

次の電車は何分ぐらいで来ますか。

5番　　　トラック20

女の人と男の人が話しています。男の人はどうして弁当を持ってきましたか。男の人です。

F：今日お弁当なんだね、珍しい。あ、だれかほかの人に作ってもらったんでしょう。

M：違うよ。昨日晩ご飯をたくさん作ったから……。料理はあまり好きじゃないから、上手では
　　ないんだけど……。

F：おいしそうだよ。私も最近は、毎日お弁当なんだ。なるべくお金を使いたくなくて……。

M：ああ、お店に食べに行ったり、コンビニで買ったりするほうが、お金がかかるからね。

F：うん。

男の人はどうして弁当を持ってきましたか。

6番　　トラック21

会社で女の人と男の人が話しています。男の人はパーティーの前に何をしますか。

F：今日の会社のお祝いのパーティーですが、パーティーの準備をするためにみんなで２時ごろ
　　会社を出ようと話しています。山本さんもいっしょに行きますか。

M：それが、みんなといっしょに行けないんだよ。

F：課長に会議の資料でも頼まれたんですか。資料を作るなら、手伝いますよ。

M：ありがとう。資料はもうできているし、会議室の準備をするのは明日でいいんだけど、パー
　　ティーに出席するお客さんを２時半に空港に迎えに行くように言われたんだよ。お客さんと
　　いっしょにあとから行くよ。

F：はい、分かりました。では、会場で待っています。

男の人はパーティーの前に何をしますか。

7番　　トラック22

学校で男の学生と女の学生が話しています。男の学生はどうして先生に叱られましたか。

M：ああ、先生に叱られたよ。

F：授業に遅れてきたからね。

M：いや、そうじゃなくて……。

F：寝ていたから？

M：今日は、寝ていないよ。授業中、友達と話していて……。

F：授業中は、静かにしないとね。

M：うん。分かっているんだけどね。

F：宿題を忘れたことは？

M：それは何も言われなかった。

F：ああ、そう。

男の学生はどうして先生に叱られましたか。

ここで、ちょっと休みましょう。（音楽）では、また続けます。　　トラック23

20

問題3では、絵を見ながら質問を聞いてください。矢印の人は何と言いますか。1から3の中から、いちばんいいものを一つ選んでください。では、練習しましょう。

例　　　トラック25

今から寝ます。何と言いますか。

M：1．お元気で。
　　2．おやすみなさい。
　　3．ごちそうさまでした。

いちばんいいものは2番です。解答用紙の問題3の例のところを見てください。いちばんいいものは2番ですから、答えはこのように書きます。
では、始めます。

1番　　　トラック26
先輩にコピーを頼まれました。何と言いますか。

F：1．何枚コピーしてもいいですか。
　　2．何枚コピーしたいですか。
　　3．何枚コピーすればいいですか。

2番　　　トラック27
ホテルでお客さんの荷物を運びます。何と言いますか。

F：1．お荷物、お持ちします。
　　2．お荷物、お持ちください。
　　3．お荷物、お持ちになります。

3番　　　トラック28

友達のハンカチを拾ったので、渡します。何と言いますか。

M：1．ハンカチ、拾わなかった？

　　　2．ハンカチ、落ちていたよ。

　　　3．ハンカチ、落ちそうだよ。

4番　　　トラック29

会社で隣の席の人に意見を聞きたいです。何と言いますか。

M：1．意見を聞かせてくれませんか。

　　　2．意見を聞いてくれませんか。

　　　3．意見を聞きませんか。

5番　　　トラック30

友達のお菓子を一つ食べたいです。何と言いますか。

F：1．おいしそう。それ、一つあげない？

　　　2．おいしそう。それ、一つくれない？

　　　3．おいしそう。それ、一つもらわない？

問題4　　　トラック31

　問題4では、絵などがありません。まず文を聞いてください。それから、その返事を聞いて、1から3の中から、いちばんいいものを一つ選んでください。では、練習しましょう。

例　　　トラック32

Ｆ：いつも何時にバスに乗りますか。

Ｍ：1．はい、いつもバスに乗ります。
　　　2．1時間ぐらい乗ります。
　　　3．7時半です。

いちばんいいものは3番です。解答用紙の問題4の例のところを見てください。いちばんいいものは3番ですから、答えはこのように書きます。
では、始めます。

1番　　　トラック33

Ｍ：すみません、おなかが痛いので、今日は休みます。

Ｆ：1．はい、おやすみなさい。
　　　2．分かりました。お大事に。
　　　3．では、お元気で。

2番　　　トラック34

Ｍ：ねえ、このカレー、変な味がしない？

Ｆ：1．うん、おいしそう。
　　　2．うん、味がしないね。
　　　3．そんなことないけど。

3番　　トラック35

F：この機械の使い方を教えてもらいたいんですが……。

M：1．すみません。お願いします。

　　2．はい、教えてもらえますか。

　　3．ええ、かまいませんよ。

4番　　トラック36

F：田中さん、この資料を山田さんに送っておきましょうか。

M：1．うん、頼んでもいい？

　　2．うん、送ってきたよ。

　　3．うん、もう届いたよ。

5番　　トラック37

M：では、こちらにお座りください。

F：1．はい、座っていただきます。

　　2．はい、お座りします。

　　3．はい、失礼します。

6番　　トラック38

F：山川さん、シャツのボタンが取れそうだよ。

M：1．あ、ボタンがないね。

　　2．本当だ。今付けよう。

　　3．え、取れたの？

7番　　トラック39

M：昼ご飯でもどうですか。

F：1．いいですね。ぜひ。
　　2．昼ご飯でもいいですよ。
　　3．ええ、おいしいですね。

8番　　トラック40

M：いつ日本にいらっしゃったんですか。

F：1．5月に行くつもりです。
　　2．ええと、一昨年です。
　　3．いつでもいいですよ。

正答数記入表
せいとうすう き にゅうひょう

名 前 な まえ	

◎：よくできています。　　○：続けて勉強しましょう。　　△：もっと勉強しましょう。
つづ べんきょう べんきょう

試験科目 しけん かもく		分野 ぶんや 問題番号 もんだいばんごう	解答番号 かいとうばんごう		正答数 せいとうすう ／問いの数 と かず		◎	○	△
言語知識 げんごちしき	文字・語彙 もじ ごい	問題1 もんだい	1～7	漢字読み かんじ よ		/7	7	6-4	3-0
		問題2 もんだい	8～12	表記 ひょうき		/5	5	4-3	2-0
		問題3 もんだい	13～20	文脈規定 ぶんみゃくきてい		/8	8	7-5	4-0
		問題4 もんだい	21～24	言い換え類義 いか るいぎ		/4	4	3	2-0
		問題5 もんだい	25～28	用法 ようほう		/4	4	3	2-0
		文字・語彙 計 もじ ごい けい			(	/28 %)			
言語知識・読解 げんごちしき どっかい	文法 ぶんぽう	問題1 もんだい	1～13	文の文法1（文法形式の判断） ぶん ぶんぽう ぶんぽうけいしき はんだん		/13	13-12	11-8	7-0
		問題2 もんだい	14～17	文の文法2（文の組み立て） ぶん ぶんぽう ぶん く た		/4	4	3	2-0
		問題3 もんだい	18～21	文章の文法 ぶんしょう ぶんぽう		/4	4	3	2-0
		文法 計 ぶんぽう けい			(	/21 %)			
	読解 どっかい	問題4 もんだい	22～24	内容理解（短文） ないようりかい たんぶん		/3	3	2	1-0
		問題5 もんだい	25～27	内容理解（中文） ないようりかい ちゅうぶん		/3	3	2	1-0
		問題6 もんだい	28～29	情報検索 じょうほうけんさく		/2	2	1	0
		読解 計 どっかい けい			(	/8 %)			
聴解 ちょうかい		問題1 もんだい	1～8	課題理解 かだいりかい		/8	8	7-5	4-0
		問題2 もんだい	1～7	ポイント理解 りかい		/7	7	6-4	3-0
		問題3 もんだい	1～5	発話表現 はつわひょうげん		/5	5	4-3	2-0
		問題4 もんだい	1～8	即時応答 そくじおうとう		/8	8	7-5	4-0
		聴解 計 ちょうかい けい			(	/28 %)			

著者
千駄ヶ谷日本語教育研究所（せんだがやにほんごきょういくけんきゅうじょ）

イラスト
広野りお

表紙デザイン
岡本健＋

日本語能力試験Ｎ４　模擬テスト〈１〉

2021年３月22日　初版第１刷発行

著　者　千駄ヶ谷日本語教育研究所
発行者　藤嵜政子
発　行　株式会社スリーエーネットワーク
　　　　〒102-0083　東京都千代田区麹町3丁目4番
　　　　　　　　　　トラスティ麹町ビル2F
　　　　電話　営業　03（5275）2722
　　　　　　　編集　03（5275）2725
　　　　https://www.3anet.co.jp/
印　刷　萩原印刷株式会社

ISBN978-4-88319-885-6　C0081

落丁・乱丁本はお取替えいたします。
本書の全部または一部を無断で複写複製（コピー）することは著作権法上での例外を除き、禁じられています。

もんだいようし

Language Knowledge
（Vocabulary）

日本語能力試験N4　模擬テスト〈1〉

スリーエーネットワーク

もじ・ごい

N4

げんごちしき（もじ・ごい）

（25ふん）

ちゅうい
Notes

1. しけんが はじまるまで、この もんだいようしを あけないで ください。

   Do not open this question booklet until the test begins.

2. この もんだいようしを もって かえる ことは できません。

   Do not take this question booklet with you after the test.

3. じゅけんばんごうと なまえを したの らんと かいとうようしに かいて ください。

   Write your examinee registration number and name clearly in each box below and on the answer sheet.

4. この もんだいようしは、ぜんぶで 9ページ あります。

   This question booklet has 9 pages.

5. もんだいには かいとうばんごうの 1 、 2 、 3 …が あります。 かいとうは、かいとうようしに ある おなじ ばんごうの ところに マークして ください。

   One of the row numbers 1 , 2 , 3 … is given for each question. Mark your answer in the same row of the answer sheet.

じゅけんばんごう　Examinee Registration Number	

なまえ　Name	

もんだい1　＿＿＿の　ことばは　ひらがなで　どう　かきますか。
　　　　　1・2・3・4から　いちばん　いい　ものを　ひとつ　えらんで
　　　　　ください。

（れい）　今月は　しごとが　いそがしいです。

　　　　1　いまげつ　　　2　いまつき　　　3　こんげつ　　　4　こんつき

　　　（かいとうようし）　　（れい）　① ② ● ④

1　わたしの　弟は　今年　大学生に　なります。
　　　1　いもうと　　　2　おとうと　　　3　あに　　　　4　あね

2　ゆうびんきょくの　場所を　しりたいです。
　　　1　じょうしょ　　2　ばしょう　　3　ばしょ　　　　4　じょうしょう

3　来月　母と　旅行に　行きます。
　　　1　りょこ　　　　2　りょこう　　3　りょうこ　　　4　りょうこう

4　スープに　しおを　足して　ください。
　　　1　まわして　　　2　わたして　　3　だして　　　　4　たして

5　首が　いたいです。
　　　1　は　　　　　　2　ゆび　　　　3　みみ　　　　　4　くび

6　友だちと　山に　のぼる　計画を　たてました。
　　　1　けかく　　　　2　けいかく　　3　けが　　　　　4　けいが

7　わたしは　軽い　かばんを　つかっています。
　　　1　かるい　　　　2　うすい　　　3　やすい　　　　4　ふるい

もんだい2 ＿＿＿の ことばは どう かきますか。1・2・3・4から
いちばん いい ものを ひとつ えらんで ください。

(れい) その かどを みぎへ まがって ください。

　　　　1 合　　　　2 右　　　　3 石　　　　4 左

　　(かいとうようし)　(れい)　① ● ③ ④

8　あの 道は 人が たくさん とおります。

　　1 通ります　　2 進ります　　3 遅ります　　4 運ります

9　この いすは ひくいです。

　　1 高い　　　2 低い　　　3 浅い　　　4 深い

10　先生に しつもんを しました。

　　1 賛問　　　2 質間　　　3 質問　　　4 賛間

11　6時に こうえんの 前で まって います。

　　1 待って　　2 特って　　3 時って　　4 持って

12　母に でんわを しました。

　　1 雷話　　　2 電語　　　3 雷語　　　4 電話

 本書を無断で複写複製(コピー)することは著作権法上での例外を除き、禁じられています。

もんだい3 （　　　）に　なにを　いれますか。1・2・3・4から　いちばん
　　　いい　ものを　ひとつ　えらんで　ください。

（れい）　新しい　くつを　（　　　）。
　　　　1　きます　　　　2　はきます　　　3　します　　　　4　かぶります

　　　（かいとうようし）　│（れい）　①　●　③　④ │

13　パーティーでは　コーヒーカップが　20こ　（　　　）です。
　　　1　べんり　　　　2　あんしん　　　3　しんせつ　　　4　ひつよう

14　おきゃくさんを　パンの　うりばに　（　　　）しました。
　　　1　あんない　　　2　けんぶつ　　　3　やくそく　　　4　えんりょ

15　えいがは　大きい　（　　　）で　見たいから、えいがかんへ　行きます。
　　　1　ステレオ　　　2　パソコン　　　3　フィルム　　　4　スクリーン

16　もんだいの　こたえが　わかるまで　（　　　）時間が　かかりました。
　　　1　ずいぶん　　　2　できるだけ　　3　やっと　　　　4　このあいだ

17　さとうさんの　パンを　つくる　（　　　）は　すばらしいです。
　　　1　かがく　　　　2　こうぎょう　　3　ぎじゅつ　　　4　さんぎょう

18　プレゼントを　きれいな　かみで　（　　　）友だちに　あげました。
　　　1　つつんで　　　2　とどけて　　　3　みつけて　　　4　さがして

本書を無断で複写複製（コピー）することは著作権法上での例外を除き、禁じられています。　3

19 この ステーキは （　　　）から、はが よわい そふでも
食べられます。
　　1　あつい　　　　2　やわらかい　　3　かたい　　　　4　あたたかい

20 雨の 日は 道が （　　　）ので、ちゅういして あるきます。
　　1　たおれる　　　2　ひえる　　　　3　すべる　　　　4　おちる

　本書を無断で複写複製（コピー）することは著作権法上での例外を除き、禁じられています。

もんだい４　＿＿＿＿の　ぶんと　だいたい　おなじ　いみの　ぶんが　あります。
　　　　　１・２・３・４から　いちばん　いい　ものを　ひとつ　えらんで
　　　　　ください。

（れい）　けさ　しょくじを　しませんでした。

　　　　１　けさ　かおを　あらいませんでした。

　　　　２　けさ　はを　みがきませんでした。

　　　　３　けさ　さんぽを　しませんでした。

　　　　４　けさ　ごはんを　たべませんでした。

　　　　（かいとうようし）　| （れい） | ① | ② | ③ | ● |

21　店の　人に　「ドリンク、おねがいします。」と　言いました。

　　１　店の　人に　「りょうり、おねがいします。」と　言いました。

　　２　店の　人に　「あまい　もの、おねがいします。」と　言いました。

　　３　店の　人に　「飲みもの、おねがいします。」と　言いました。

　　４　店の　人に　「はし、おねがいします。」と　言いました。

22　はやく　したくしなさい。

　　１　はやく　しゅっぱつしなさい。

　　２　はやく　じゅんびしなさい。

　　３　はやく　そうだんしなさい。

　　４　はやく　そうじしなさい。

本書を無断で複写複製（コピー）することは著作権法上での例外を除き、禁じられています。　5

23 この まちでは りんごを たくさん せいさんして います。

  1 この まちでは りんごを たくさん つくって います。

  2 この まちでは りんごを たくさん 食べて います。

  3 この まちでは りんごを たくさん うって います。

  4 この まちでは りんごを たくさん 買って います。

24 やさいを もっと こまかく きって ください。

  1 やさいを もっと きれいに きって ください。

  2 やさいを もっと 大きく きって ください。

  3 やさいを もっと しずかに きって ください。

  4 やさいを もっと 小さく きって ください。

本書を無断で複写複製(コピー)することは著作権法上での例外を除き、禁じられています。

もんだい5　つぎの　ことばの　つかいかたで　いちばん　いい　ものを
　　　　　　1・2・3・4から　ひとつ　えらんで　ください。

(れい)　からい

　　1　この　はこは　とても　からいです。

　　2　コーヒーは　からいので　飲みません。

　　3　アルバイトが　いそがしくて　からいです。

　　4　この　店の　カレーは　からいです。

　　　(かいとうようし)　| (れい) | ① ② ③ ● |

25　しゅみ

　　1　わたしは　来週、山へ　行くのが　とても　しゅみです。

　　2　わたしは　きょういくの　もんだいに　しゅみが　あります。

　　3　わたしの　しゅみは　きってを　あつめる　ことです。

　　4　わたしの　しゅみは　えが　じょうずな　ことです。

26　やせる

　　1　みんなの　前で　うたう　ときは、はずかしくて　こえが　やせます。

　　2　もりの　中に　とても　やせて　いる　川が　あります。

　　3　すみません、もう少し　やせて　いる　ズボンは　ありますか。

　　4　毎日　はしったら、1か月で　5キロ　やせました。

本書を無断で複写複製(コピー)することは著作権法上での例外を除き、禁じられています。　7

27 きんじょ

1 だいどころの きんじょの へやで 子どもが あそんで います。

2 あの 二人は いつも きんじょの せきに すわって います。

3 見えないので、もっと きんじょに 来て 見せて ください。

4 来月 いえの きんじょに 新しい スーパーが できます。

28 はっきり

1 かいぎでは かんがえた ことを はっきり 言いましょう。

2 うちへ かえったら はっきり 手を あらいましょう。

3 先生の 話を はっきり 聞いて ください。

4 あさ、なかなか はっきり おきられません。

 本書を無断で複写複製(コピー)することは著作権法上での例外を除き、禁じられています。

このページには問題が印刷されていません。

Language Knowledge（Grammar）・
Reading

N4

げんごちしき
言語知識（文法）・読解

（55分）

注意
Notes

1. 試験が始まるまで、この問題用紙を開けないでください。
   Do not open this question booklet until the test begins.

2. この問題用紙を持って帰ることはできません。
   Do not take this question booklet with you after the test.

3. 受験番号と名前を下の欄と解答用紙に書いてください。
   Write your examinee registration number and name clearly in each box below and on the answer sheet.

4. この問題用紙は、全部で15ページあります。
   This question booklet has 15 pages.

5. 問題には解答番号の 1 、 2 、 3 …があります。解答は、解答用紙にある同じ番号のところにマークしてください。
   One of the row numbers 1, 2, 3 … is given for each question. Mark your answer in the same row of the answer sheet.

受験番号　Examinee Registration Number	

名前　Name	

もんだい1 （　　　）に 何を 入れますか。1・2・3・4から いちばん
　　　いい ものを 一つ えらんで ください。

（例） これは 私 （　　　） かさです。

1　が　　　　　2　の　　　　　3　を　　　　　4　に

（解答用紙）　（例）　① ● ③ ④

文法・読解

1　私は サッカーも テニス （　　　） 好きで、よく テレビで 試合を
　見て います。

1　や　　　　　2　が　　　　　3　と　　　　　4　も

2　子ども「今から 図書館で 勉強して くるね。」
　　　母　「いってらっしゃい。あ、今夜は 食事に 行くから、6時まで
　　　　　　（　　　） 帰って きてね。」

1　でも　　　　2　も　　　　　3　には　　　　4　は

3　ホテルの 人の 話 （　　　）、時計台からの 景色が いちばん
　きれいだ そうです。

1　によると　　2　にみると　　3　にすると　　4　になると

4　テストの 答えを 一つ （　　　） まちがえて しまいました。

1　とも　　　　2　だけ　　　　3　でも　　　　4　しか

5　（　　　） 1年前の 今日、私は 日本へ 来ました。

1　さっき　　　2　だいぶ　　　3　すっかり　　　4　ちょうど

6 ビン「空港まで 行きたい とき、バスと 電車と どちらが
　　　　はやいですか。」
　　中田「はやく （　　　） 電車が いいですよ。」
　　1　行くなら　　　2　行って　　　3　行けば　　　4　行ったら

7 図書館は、たしか 10時に （　　　）。
　　1　開ける ところです　　　　　2　開くはずです
　　3　開いても いいです　　　　　4　開けましょう

8 　きゃく「すみません、おさらを （　　　） 1まい ください。」
　　店の 人「はい。」
　　1　もう　　　　　2　もっと　　　3　だいたい　　　4　ほとんど

9 いつも 使って いる 時計が こわれたので、父に （　　　）。
　　1　なおしました　　　　　　　2　なおして おきました
　　3　なおして くれました　　　　4　なおして もらいました

10 毎日、日本語の 勉強を して いるので、最近 読める 漢字が
　　（　　　）。
　　1　ふえて いきます　　　　　2　ふえて いきました
　　3　ふえて きます　　　　　　4　ふえて きました

11 この コップは （　　　） われないので、小さい 子どもが いる
　　家庭で 使われて います。
　　1　おとすより　　　　　　　2　おとしても
　　3　おとさずに　　　　　　　4　おとすために

　本書を無断で複写複製（コピー）することは著作権法上での例外を除き、禁じられています。

12 山下「あれ、電車が 急に 止まりましたね。」

前田「何か あったんでしょうか。あ、また （　　　　） よ。」

山下「本当ですね。よかったです。」

1　動き終わりました　　　　　　　2　動きつづけました

3　動き出しました　　　　　　　　4　動き始まりました

13 山田「レストランに 昼ご飯を 食べに 行きませんか。」

木村「いいですね。あ、でも、今は こんで いる 時間だから、ちょっと

　　　（　　　　）。」

山田「そうですね。じゃあ、少し あとで 行きましょう。」

1　待たされるかもしれません　　　　2　待たせないと いけません

3　待たされないと いけません　　　　4　待たせるかもしれません

もんだい2 ___★___ に 入る ものは どれですか。1・2・3・4から
いちばん いい ものを 一つ えらんで ください。

(問題例)

これ _____ _____ __★__ _____ です。

1 の　　　　 2 は　　　　 3 かばん　　　 4 私

(答え方)

1. 正しい 文を 作ります。

これ _____ _____ __★____ _____ です。
　　　 2 は　　　 4 私　　　 1 の　　　 3 かばん

---

2. __★__ に 入る 番号を 黒く 塗ります。

(解答用紙)　| (例) | ● ② ③ ④ |

---

14 林さんが 東京に _____ _____ __★__ _____ 知って いますか。

1 いたか　　　 2 どこに　　　 3 住んで　　　 4 来る 前に

15 大山「田中さんの スーツケースは どれですか。」
　　 田中「あの _____ _____ __★__ _____ ですよ。」

1 ついて いる　　　　　　　　　　 2 黒くて

3 ハンカチが　　　　　　　　　　　 4 の

16 友達の へやに くつを ＿＿＿ ★ ＿＿＿ ＿＿＿ 友達に

おこられました。

　　1　から　　　　2　まま　　　3　入った　　　4　はいた

17 田中さんは、＿＿＿ ★ ＿＿＿ ＿＿＿ ではありません。

　　1　ほど　　　　　　　　　　2　山田さん

　　3　じょうずですが　　　　　4　ピアノが

もんだい3　18　から　21　に　何を　入れますか。文章の　意味を　考えて、1・2・3・4から　いちばん　いい　ものを　一つ　えらんでください。

下の　文章は、留学生の　作文です。

夢

ミア　ルイス

　私は　子どもの　ころから、日本の　ドラマが　好きです。日本に　来るまで、毎日　見て　いました。ドラマで　いろいろな　日本の　町を　見て　いたら、行きたいと　18　。

　先月　その　夢が　本当に　なって、日本に　来る　ことが　できました。とても　うれしかったです。

　次の　夢は、日本で　日本語の　ドラマを　作る　ことです。

　19　、今、日本語の　勉強を　がんばって　います。ひらがなと　カタカナは　書けますが、漢字　20　あまり　書けません。覚えられなくて大変です。でも、いっしょうけんめい　21　と　思います。

　皆さん、私の　ドラマを　楽しみに　して　いて　ください。

本書を無断で複写複製(コピー)することは著作権法上での例外を除き、禁じられています。

18

1　思うからです　　　　　　　2　思うらしいです

3　思いたく　なりました　　　4　思うように　なりました

19

1　それから　　　2　たとえば　　　3　だから　　　　4　けれども

20

1　は　　　　　　2　も　　　　　　3　より　　　　　4　しか

21

1　練習しすぎる　　　　　　　2　練習しやすい

3　練習させる　　　　　　　　4　練習しよう

本書を無断で複写複製(コピー)することは著作権法上での例外を除き、禁じられています。　7

もんだい4　つぎの (1) から (3) の文章を読んで、質問に答えてください。答えは、1・2・3・4から、いちばんいいものを一つえらんでください。

(1)

これは、日本語学校の山下先生からマリアさんへのメールです。

マリアさん

　あしたの授業の前に、文化祭の説明をすることになっていましたが、急に用事が入ってしまいました。今日の授業のあと、あまり時間がありませんが、簡単に説明します。マリアさんの予定はどうでしょうか。もし、今日、予定があれば、あさって説明します。このメールを読んだら、返事をください。

山下

22　マリアさんは、山下先生にメールで、何を知らせなければなりませんか。
1　あした、授業の前に文化祭の説明が聞けるかどうか
2　今日、授業の前に文化祭の説明が聞けるかどうか
3　今日、授業のあとに文化祭の説明が聞けるかどうか
4　あさって、授業のあとに文化祭の説明が聞けるかどうか

本書を無断で複写複製(コピー)することは著作権法上での例外を除き、禁じられています。

(2)

　最近、パソコンやけいたい電話をよく使うので「目が疲れた」という人が増えています。目が疲れないようにするには、近くを見たあとに遠くを見ることを何回もするといいと言われています。赤や緑の野菜を食べるのも、目を疲れにくくします。目が疲れてしまったときは目の周りを温かくしましょう。目の疲れで頭が痛くなったときは、耳の上を軽く押すといいです。

23　目が疲れたときは何をしたほうがいいですか。

　1　近くを見てから遠くを見ます。

　2　赤や緑の野菜を食べます。

　3　目の周りを温かくします。

　4　目の周りを軽く押します。

本書を無断で複写複製(コピー)することは著作権法上での例外を除き、禁じられています。　9

(3)

　高校生のとき、私はいつも買いもので友達に服を選んであげていました。その友達から、「お客さんに合う服を選ぶ仕事があるよ。」と聞いて始めたのが今の仕事です。友達にすすめられたので、週に1日やってみることにしました。最初は、すぐ辞めるつもりでしたが、だんだん楽しくなって、自分に合っているのではないかと思いました。それで、今も続いているのだと思っています。

24 「私」は、どうしてこの仕事を続けていますか。

1　友達に服を選んであげていたから

2　友達にこの仕事をすすめられたから

3　週1日でいいと言われたから

4　自分に合っていると思うから

　本書を無断で複写複製（コピー）することは著作権法上での例外を除き、禁じられています。

このページには問題が印刷されていません。

本書を無断で複写複製（コピー）することは著作権法上での例外を除き、禁じられています。

もんだい5　つぎの文章を読んで、質問に答えてください。答えは、1・2・3・4から、いちばんいいものを一つえらんでください。

　私は去年の4月から日本に留学して、日本人家族の家で生活しています。今は、家族と話したり、家の手伝いをしたりしますが、来たばかりのころはいつも自分の部屋にいました。日本語がわからなかったので、家族と話すのが怖かったのです。

　ある日、お母さんが「帰りが遅くなるから、自分で夕飯を作ってね」と言いました。それで、国でよく作っていた卵料理を作りました。たくさん作ったので家族にもあげたら、家族は「おいしい」と喜んで食べました。私はうれしくなって、その料理の作り方を家族に説明しました。上手に説明できなかったけれど、家族は私の話を楽しそうに聞いていました。

　家族の喜ぶ顔がまた見たくて、週に1回、国の料理を作ることにしました。ほかにも、自分ができることを考えて、国の歌を歌ったり踊りを踊ったりしました。家族はとても喜んで、会話が増えました。だんだん日本語が上手になって、日本人の友達もできました。

　自分の部屋の中にいたときは、日本の生活は楽しくありませんでした。楽しく生活するには、まずは（　　　　）ことが大切だと思いました。

　本書を無断で複写複製（コピー）することは著作権法上での例外を除き、禁じられています。

25 なぜ「私」はいつも部屋にいたのですか。

1 家族と会話するのが怖かったから

2 怖い家族なのでいっしょにいたくなかったから

3 日本語で話すのがきらいだったから

4 家族の手伝いをしたくなかったから

26 なぜ「私」は卵料理を作りましたか。

1 国の有名な料理を紹介したかったから

2 卵料理の作り方を教えたかったから

3 自分で料理を作らなければならなかったから

4 家族と国の料理の話がしたかったから

27 （　　　　）に入れるのに、いちばんいい文はどれですか。

1 ほかの人といっしょにやってみる

2 家族の話をよく聞いてみる

3 日本語が上手な人と話してみる

4 自分ができることをやってみる

もんだい６　右のページのお知らせを見て、下の質問に答えてください。答えは、
１・２・３・４から、いちばんいいものを一つえらんでください。

28　アンナさんは、「夏だ！　海へ行こう！」に行きたいと思っています。８月に
行われるもので、つりができるものがいいです。アンナさんが選べるのは、ど
れですか。

1　②

2　③

3　④

4　⑤

29　ケビンさんは、ほしの市に住んでいて、「夏だ！　海へ行こう！」に行きたいと
思っています。料金は2000円以下がいいです。日曜日に行きたいですが、13
時より遅く終わるものには行けません。ケビンさんが選べるのは、どれですか。

1　①と②と③

2　①と④

3　②と④と⑤

4　④と⑤

　本書を無断で複写複製（コピー）することは著作権法上での例外を除き、禁じられています。

夏だ！ 海へ行こう！

ほしの市の海をみんなで楽しみませんか。

名前	月・日	時間	料金
① 海で泳ごう 海の水泳教室です。	7/24（日）	10時〜12時	1500円
② つりをしよう 魚がよくつれる場所へ行って つりをします。	7/31（日）	8時〜13時半	1500円
③ つった魚で料理しよう 海でつりをします。つれた魚で 料理します。	8/6（土）	7時〜12時半	2000円
④ おいしい魚を料理しよう ほしの市の海でとれた魚で料理 します。	8/7（日）	11時〜12時半	2500円
⑤ 魚料理を食べよう 海を見ながら有名な日本料理店 が作った魚料理を食べます。	8/14（日）	8時半〜10時	3000円

※ほしの市に住んでいる人は500円安くなります。

ほしの市　電話：0123-45-6789　　Eメール：uminoie@kono.jp

本書を無断で複写複製（コピー）することは著作権法上での例外を除き、禁じられています。

N4

ちょうかい
聴解

（35分）

聴解

注意
Notes

1. 試験が始まるまで、この問題用紙を開けないでください。
   Do not open this question booklet until the test begins.

2. この問題用紙を持って帰ることはできません。
   Do not take this question booklet with you after the test.

3. 受験番号と名前を下の欄と解答用紙に書いてください。
   Write your examinee registration number and name clearly in each box below and on the answer sheet.

4. この問題用紙は、全部で17ページあります。
   This question booklet has 17 pages.

5. この問題用紙にメモをとってもいいです。
   You may make notes in this question booklet.

じゅけんばんごう 受験番号　Examinee Registration Number	

な まえ 名　前　Name	

もんだい 1

　もんだい 1 では、まず　しつもんを　聞いて　ください。それから　話を
聞いて、もんだいようしの　1から4の　中から、いちばん　いい　ものを　一つ
えらんで　ください。

れい

　　1　1まい
　　2　2まい
　　3　3まい
　　4　4まい

本書を無断で複写複製(コピー)することは著作権法上での例外を除き、禁じられています。　1

1ばん

2ばん

 本書を無断で複写複製（コピー）することは著作権法上での例外を除き、禁じられています。

3ばん

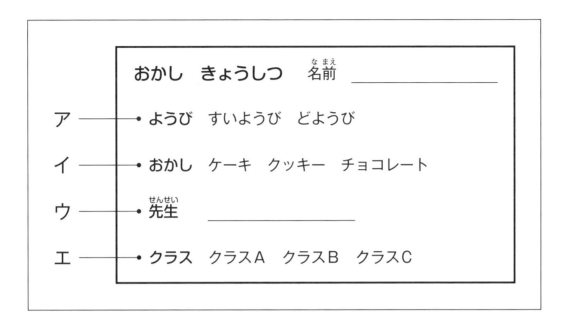

```
        おかし  きょうしつ     名前 _____
ア ───● ようび  すいようび  どようび
イ ───● おかし  ケーキ  クッキー  チョコレート
ウ ───● 先生    _____
エ ───● クラス  クラスA  クラスB  クラスC
```

聴解

1　ア　イ
2　ア　イ　ウ
3　ア　ウ　エ
4　イ　エ

4ばん

1　がくぶで　きめられた　きょうしつ
2　こうどうの　うけつけの　ところ
3　こうどうの　入口を　出た　ところ
4　大学の　こくさいセンター

本書を無断で複写複製(コピー)することは著作権法上での例外を除き、禁じられています。

5 ばん

ア
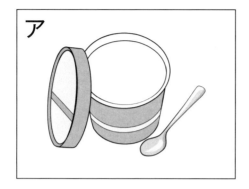

イ

ウ

エ

1　ア　ウ　エ

2　ア　エ

3　イ　ウ

4　イ　ウ　エ

 本書を無断で複写複製（コピー）することは著作権法上での例外を除き、禁じられています。

6 ばん

1　バス
2　電車
3　バスと　じてんしゃ
4　電車と　じてんしゃ

7 ばん

1　4だい
2　6だい
3　8だい
4　10だい

本書を無断で複写複製（コピー）することは著作権法上での例外を除き、禁じられています。

8 ばん

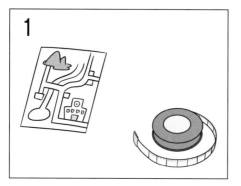

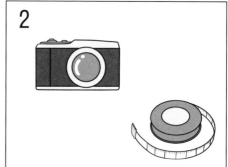

 本書を無断で複写複製(コピー)することは著作権法上での例外を除き、禁じられています。

もんだい 2

　もんだい 2 では、まず　しつもんを　聞いて　ください。そのあと、
もんだいようしを　見て　ください。読む　時間が　あります。それから　話を
聞いて、もんだいようしの　1 から 4 の　中から、いちばん　いい　ものを　一つ
えらんで　ください。

れい

1　ぐあいが　わるいから

2　サッカーが　すきじゃないから

3　ばしょが　いえから　とおいから

4　よていが　あるから

本書を無断で複写複製（コピー）することは著作権法上での例外を除き、禁じられています。　7

1 ばん

1　東ビルの　4 かい

2　東ビルの　5 かい

3　西ビルの　4 かい

4　西ビルの　5 かい

2 ばん

1　ダンス

2　ギターの　コンサート

3　うたの　コンサート

4　カラオケ大会

　本書を無断で複写複製（コピー）することは著作権法上での例外を除き、禁じられています。

3ばん

1 うみで およぐ

2 プールで およぐ

3 すいぞくかんへ 行く

4 買いものに 行く

4ばん

1 10分ぐらい

2 15分ぐらい

3 20分ぐらい

4 35分ぐらい

5ばん

1 ほかの 人に つくって もらったから
2 ばんごはんを つくりすぎたから
3 りょうりが すきだから
4 お金を つかいたくないから

6ばん

1 パーティーの じゅんびを する
2 かいぎの しりょうを つくる
3 かいぎしつの じゅんびを する
4 きゃくを くうこうに むかえに 行く

 本書を無断で複写複製（コピー）することは著作権法上での例外を除き、禁じられています。

7 ばん

1 じゅぎょうに おくれて きたから
2 じゅぎょう中 ねて いたから
3 じゅぎょう中 友だちと 話して いたから
4 しゅくだいを わすれたから

本書を無断で複写複製(コピー)することは著作権法上での例外を除き、禁じられています。

聴解

もんだい3

　もんだい3では、えを　見^みながら　しつもんを　聞^きいて　ください。

➡（やじるし）の　人^{ひと}は　何^{なん}と　言^いいますか。1から3の　中^{なか}から、いちばん

いい　ものを　一^{ひと}つ　えらんで　ください。

れい

　本書を無断で複写複製（コピー）することは著作権法上での例外を除き、禁じられています。

1 ばん

2 ばん

3 ばん

4 ばん

 本書を無断で複写複製（コピー）することは著作権法上での例外を除き、禁じられています。

5 ばん

もんだい4

　もんだい4では、えなどが　ありません。まず　ぶんを　聞いて　ください。
それから、そのへんじを　聞いて、1から3の　中から、いちばん　いい　ものを
一つ　えらんで　ください。

― メモ ―

 本書を無断で複写複製（コピー）することは著作権法上での例外を除き、禁じられています。

このページには問題が印刷されていません。

本書を無断で複写複製(コピー)することは著作権法上での例外を除き、禁じられています。

にほんごのうりょくしけん
N4 「げんごちしき（もじ・ごい）」かいとうようし

じゅけんばんごう
Examinee Registration
Number

なまえ
Name

〈ちゅうい Notes〉

1. くろいえんぴつ (HB、No.2) でかいてください。
   Use a black medium soft (HB or No.2) pencil.
   （ペンやボールペンではかかないでください。）
   (Do not use any kind of pen.)

2. かきなおすときは、けしゴムできれいにけして
   ください。
   Erase any unintended marks completely.

3. きたなくしたり、おったりしないでください。
   Do not soil or bend this sheet.

4. マークれい Marking Examples

よいれい Correct Example	わるいれい Incorrect Examples
●	⊘ ⊗ ◗ ◍ ⊖ ○ ⊙

もんだい1

1	①	②	③	④
2	①	②	③	④
3	①	②	③	④
4	①	②	③	④
5	①	②	③	④
6	①	②	③	④
7	①	②	③	④

もんだい2

8	①	②	③	④
9	①	②	③	④
10	①	②	③	④
11	①	②	③	④
12	①	②	③	④

もんだい3

13	①	②	③	④
14	①	②	③	④
15	①	②	③	④
16	①	②	③	④
17	①	②	③	④
18	①	②	③	④
19	①	②	③	④
20	①	②	③	④

もんだい4

21	①	②	③	④
22	①	②	③	④
23	①	②	③	④
24	①	②	③	④

もんだい5

25	①	②	③	④
26	①	②	③	④
27	①	②	③	④
28	①	②	③	④

以下のサイトから解答用紙がダウンロードできます。

https://www.3anet.co.jp/np/books/3830/

にほんごのうりょくしけん
N4 「げんごちしき(ぶんぽう)・どっかい」かいとうようし

じゅけんばんごう
Examinee Registration
Number

なまえ
Name

〈ちゅうい Notes〉

1. くろいえんぴつ (HB、No.2) でかいてください。
   Use a black medium soft (HB or No.2) pencil.
   (ペンやボールペンではかがないでください。)
   (Do not use any kind of pen.)

2. かきなおすときは、けしゴムできれいにけして
   ください。
   Erase any unintended marks completely.

3. きたなくしたり、おったりしないでください。
   Do not soil or bend this sheet.

4. マークれい Marking Examples

よいれい Correct Example	わるいれい Incorrect Examples
●	⊘ ⊗ ⊕ ◉ ⊖ ○

もんだい1

1	①	②	③	④
2	①	②	③	④
3	①	②	③	④
4	①	②	③	④
5	①	②	③	④
6	①	②	③	④
7	①	②	③	④
8	①	②	③	④
9	①	②	③	④
10	①	②	③	④
11	①	②	③	④
12	①	②	③	④
13	①	②	③	④

もんだい2

14	①	②	③	④
15	①	②	③	④
16	①	②	③	④
17	①	②	③	④

もんだい3

18	①	②	③	④
19	①	②	③	④
20	①	②	③	④
21	①	②	③	④

もんだい4

22	①	②	③	④
23	①	②	③	④
24	①	②	③	④

もんだい5

25	①	②	③	④
26	①	②	③	④
27	①	②	③	④

もんだい6

28	①	②	③	④
29	①	②	③	④

以下のサイトから解答用紙がダウンロードできます。

https://www.3anet.co.jp/np/books/3830/

にほんごのうりょくしけん
N4 「ちょうかい」かいとうようし

じゅけんばんごう
Examinee Registration Number

なまえ
Name

〈ちゅうい Notes〉

1. くろいえんぴつ (HB、No.2) でかいてください。
   Use a black medium soft (HB or No.2) pencil.
   (ペンやボールペンではかかないでください。)
   (Do not use any kind of pen.)

2. かきなおすときは、けしゴムできれいにけして
   ください。
   Erase any unintended marks completely.

3. きたなくしたり、おったりしないでください。
   Do not soil or bend this sheet.

4. マークれい Marking Examples

よいれい Correct Example	わるいれい Incorrect Examples
●	⊘ ⊗ ◖ ⦸ ◑ ⊖

もんだい1

れい	①	②	③	●
1	①	②	③	④
2	①	②	③	④
3	①	②	③	④
4	①	②	③	④
5	①	②	③	④
6	①	②	③	④
7	①	②	③	④
8	①	②	③	④

もんだい2

れい	①	●	③	④
1	①	②	③	④
2	①	②	③	④
3	①	②	③	④
4	①	②	③	④
5	①	②	③	④
6	①	②	③	④
7	①	②	③	④

もんだい3

れい	①	●	③
1	①	②	③
2	①	②	③
3	①	②	③
4	①	②	③
5	①	②	③

もんだい4

れい	①	②	③
1	●	②	③
2	①	②	③
3	①	②	③
4	①	②	③
5	①	②	③
6	①	②	③
7	①	②	③
8	①	②	③

以下のサイトから解答用紙がダウンロードできます。

https://www.3anet.co.jp/np/books/3830/